国家出版基金项目
NATIONAL PUBLICATION FOUNDATION

记住乡愁

——留给孩子们的中国民俗文化

刘魁立◎主编

隋 丽◎编著

第十一辑 生肖祥瑞辑

吉祥瑞兽·龙

本辑主编 张 勃

编委会

序

亲爱的小读者们，身为中国人，你们了解中华民族的民俗文化吗？如果有所了解的话，你们又了解多少呢？

或许，你们认为熟知那些过去的事情是大人们的事，我们小孩儿不容易弄懂，也没必要弄懂那些事情。

其实，传统民俗文化的内涵极为丰富，它既不神秘也不深奥，与每个人的关系十分密切，它随时随地围绕在我们身边，贯穿于整个人生的每一天。

中华民族有很多传统节日，每逢节日都有一些传统民俗文化活动，比如端午节吃粽子，听大人们讲屈原为国为民愤投汨罗江的故事；八月中秋望着圆圆的明月，遐想嫦娥奔月、吴刚伐桂的传说，等等。

我国是一个统一的多民族国家，有 56 个民族，每个民族都有丰富多彩的文化和风俗习惯，这些不同民族的民俗文化共同构筑了中国民俗文化。或许你们听说过藏族长篇史诗《格萨尔王传》

中格萨尔王的英雄气概、蒙古族智慧的化身——巴拉根仓的机智与诙谐、维吾尔族世界闻名的智者——阿凡提的睿智与幽默、壮族歌仙刘三姐的聪慧机敏与歌如泉涌……如果这些你们都有所了解，那就说明你们已经走进了中华民族传统民俗文化的王国。

你们也许看过京剧、木偶戏、皮影戏，看过踩高跷、耍龙灯，欣赏过威风锣鼓，这些都是我们中华民族为世界贡献的艺术珍品。你们或许也欣赏过中国古琴演奏，那是中华文化中的瑰宝。1977年9月5日美国发射的"旅行者1号"探测器上所载的向外太空传达人类声音的金光盘上面，就录制了我国古琴大师管平湖演奏的中国古琴名曲——《流水》。

北京天安门东西两侧设有太庙和社稷坛，那是旧时皇帝举行仪式祭祀祖先和祭祀谷神及土地的地方。另外，在北京城的南北东西四个方位建有天坛、地坛、日坛和月坛，这些地方曾经是皇帝率领百官祭拜天、地、日、月的神圣场所。这些仪式活动说明，我们中国人自古就认为自己是自然的组成部分，因而崇信自然、融入自然，与自然和谐相处。

如今民间仍保存的奉祀关公和妈祖的习俗，则体现了中国人崇尚仁义礼智信、进行自我道德教育的意愿，表达了祈望平安顺达和扶危救困的诉求。

小读者们，你们养过蚕宝宝吗？原产于中国的蚕，真称得上伟大的小生物。蚕宝宝的一生从芝麻粒儿大小的蚕卵算起，中间经历蚁蚕、蚕宝宝、结茧吐丝等过程，到破茧成蛾结束，总共四十余天，却能为我们贡献约一千米长的蚕丝。我国历史悠久的养蚕、丝绸织绣技术自西汉"丝绸之路"诞生那天起就成为东方文明的传播者和象征，为促进人类文明的发展做出了不可磨灭的贡献！

小读者们，你们到过烧造瓷器的窑口，见过工匠师傅们拉坯、上釉、烧窑吗？中国是瓷器的故乡，我们的陶瓷技艺同样为人类文明的发展做出了巨大贡献！中国的英文国名"China"，就是由英文"china"（瓷器）一词转义而来的。

中国的历法、二十四节气、珠算、中医知识体系，都是中华民族传统文化宝库中的珍品。

让我们深感骄傲的中国传统民俗文化博大精深、丰富多彩，课本中的内容是难以囊括的。每向这个领域多迈进一步，你们对历史的认知、对人生的感悟、对生活的热爱与奋斗就会更进一分。

作为中国人，无论你身在何处，那与生俱来的充满民族文化DNA的血液将伴随你的一生，乡音难改，乡情难忘，乡愁恒久。这是你的根，这是你的魂，这种民族文化的传统体现在你身上，是你身份的标识，也是我们作为中国人彼此认同的依据，它作为一种凝聚的力量，把我们整个中华民族大家庭紧紧地联系在一起。

《记住乡愁——留给孩子们的中国民俗文化》丛书，为小读者们全面介绍了传统民俗文化的丰富内容：包括民间史诗传说故事、传统民间节日、民间信仰、礼仪习俗、民间游戏、中国古代建筑技艺、民间手工艺……

各辑的主编、各册的作者，都是相关领域的专家。他们以适合儿童的文笔，选配大量图片，简约精当地介绍每一个专题，希望小读者们读来兴趣盎然、收获颇丰。

在你们阅读的过程中，也许你们的长辈会向你们说起他们曾经的往事，讲讲他们的"乡愁"。那时，你们也许会觉得生活充满了意趣。希望这套丛书能使你们更加珍爱中国的传统民俗文化，让你们为生为中国人而自豪，长大后为中华民族的伟大复兴做出自己的贡献！

亲爱的小读者们，祝你们健康快乐！

刘魁立

二〇一七年十二月

目 录

千古谜团：龙到底是什么

| 千古谜团：龙到底是什么 |

|代县文庙龙纹
琉璃雕|

摄影：吕埼

在中国人的记忆中，龙是见首不见尾的神物，似乎就是那太和殿上或是九龙壁上的形象。龙的原型到底是什么，这个谜团数千年来一直困扰着人们。

就龙的形象而言，无论是史前玉器，还是商周青铜器上，我们都可以看到龙的形象，但都是艺术的抽象表达，我们无法找到与之相对应的原型。我们先看看相关的文字记载，"龙"字在甲骨文中就已经出现，甲骨文中多次提到了龙。除此之外，在先秦以至汉代的典籍中我们都能找到有关龙的记载。其中关于龙的形象，说得最详细的就是《说文解字》，"龙，鳞虫之长，能幽能明，能细能巨，能短能长，春分而登天，秋分而潜渊，从肉飞之形。"在这里龙已经不再是具体的生物，而是一种抽象的文化表达了。后世的罗愿引用王符的话，在宋代罗愿《尔雅翼·释龙》中描写了龙的形象："鳞虫之长，能幽能明，能细能居，能短能长，春分而登天，秋分而潜渊。王符言：其形有'九似'，头似驼，角似鹿，眼似兔，耳似牛，项似蛇，腹似蜃，鳞似鲤，爪似鹰，掌似虎是也。其背有八十一鳞，具九九阳数，其声如戛铜，盘口，旁有须髯，额下有明珠，喉下有逆鳞。头上有博山，又名尺木，龙无尺木，不能升天。呵气成云，既能变水，又能变火。"这里的龙虽然有具体的形象，但已经是多元共体的神圣之物了。但是根据王符的话，以及在马王堆西汉墓出土的非衣帛画和《太一出行图》来看，汉代的龙与今天我们看到的龙已经相差无几了。东汉王充在《论衡》中写道："世俗画龙之象，马首蛇尾。由此言之，马蛇之类也。"尽管王充笔下的龙依然是一个复合体，但为我们提供了相对具象化的龙，龙的生物学原型研究从此拉开了序幕。

1. 蛇原型说

龙的原型是蛇，这是迄今为止流传最广、也是为大家广泛接受的一种龙起源说。龙起源于蛇，这不仅与上古的图腾崇拜相关，也与东汉王充的描述相似。闻一多先生指出，无论龙的局部与其他生物具有多大的相似性，它的主干部分和基本形态就是蛇。在此基础上，闻一多先生更进一步指出，龙就是一种大蛇，这种大蛇的名字就叫作龙。

闻一多先生的"蛇原型说"虽然是一种假设，但今天的考古成果也对这种假设提供了有利的证明。在距今约8000年的辽宁阜新兴隆洼文化的查海遗址发现了龙形堆石。它位于史前村落遗址的中心部位，连接房址群和墓地，用大小均匀的红褐色石块摆放而成，整体呈现蛇形。无独有偶，河南偃师二里头遗址也发现了一件绿松石摆塑，同样是蛇躯蜷尾。这些考古发现都用实物证明了龙与蛇之间的联系。

蛇是龙的原型还可以找到生物学上的依据。在农耕文明之初，先民们是依靠观察自然环境的变化来安排生产生活的。蛇是冷血动物，它在冬天冬眠，春天复苏，这恰恰与春播冬藏的规律相一致。而且蛇在生长的过程中还要几次蜕皮，在远古先民看来，这意味着长生不死的生命循环，在西方文化和印第安文化中，蛇同样具有与此类似的文化含义。此外，先民们生活在森林草丛之中，深受蛇类的侵扰，由恐惧而产生崇拜也是符合原始思维的规律的。

直到今天，龙与蛇还存在着紧密的联系。在中国的生肖文化中属蛇的人一般说自己是属"小龙"的，由此可见龙与蛇的关系在人们的观念中还是有着深厚的基础的。

把蛇作为龙的生物学原型也存在着一定的局限性，那就是，古人是清楚地知道龙与蛇之间的区别的。在《左传》中就有"深山大泽，实生龙蛇"的说法。在《山海经》中龙蛇并称的记载就更多了。所以，"蛇原型说"也引起很多质疑。

2. 鳄原型说

针对"蛇原型说"，很多研究者提出了"鳄原型说"，认为龙的生物学原型是鳄。到底是哪种鳄呢？有的研究者认为是上古时期存在过的巨鳄；有的研究者认为是扬子鳄；还有的研究者认为是蛟鳄。"鳄原型说"的主要依据，一方面是根据龙与鳄的生物学特征的相似性，即龙是水生，四足，有鳞甲，分雌雄，有生死，叫声如鼓似雷等特征与鳄一致。此外龙可以饲养，可以食用，也是重要的依据。另一方面则是从文字学角度，推断出"鳄"与"龙"在甲骨文和金文中字形的相似性，以及读音的近似性，来论证龙与鳄本是一物。还有研究者提出，上古时期存在着各种图腾，唯独没有鳄图腾，这也可以证明先民们是以鳄为龙的。

"鳄原型说"同样在考古学中找到了自己的依据。在距今约6000年的河南濮阳西水坡遗址发现了龙虎蚌塑，其中的龙，躯体弯曲，昂首弓背，据冯时先生考证这是上古四象的象征。这里的蚌塑龙不仅头部与鳄相似，而且长有四足，在一定程度上体现了龙与鳄的渊源。

同样，"鳄原型说"也存在着自己的不足，除了西水坡的蚌塑龙以外，其后的龙都没有表现出鳄的特征，因此"鳄原型说"也是难以自圆其说的。

3. 猪原型说

"猪原型说"产生的历史相对较短，它是和红山文化考古工作的深入进行密切相关的。红山文化的玉龙分为两个类型，即 C 型龙和玦形龙。这两种龙都是猪首蛇身的蜷体龙。由于红山文化玉龙与其他史前文化玉龙，及商代玉龙具有相似性，孙机先生曾经指出，"只有这种兽首蛇躯蜷体的造型形

态，才是中国龙标准的原始形象"。

经过科学考古出土的玉猪龙都是位于规模较大的积石冢中，这就说明它的主人具有较高的社会地位。据此分析，玉猪龙应该是在宗教仪式中使用的礼器，在主人去世后，成为陪葬品。

史前的北方地区存在着对猪的崇拜，这已经被考古发现所证实。一些研究者认为，玉猪龙的出现是农耕文明进一步发展的表现，它与

祈雨仪式存在着一定的内在联系。

"猪原型说"的局限性在于目前我们对红山文化的丰富性缺乏更为深刻的把握，还需要进一步认识红山文化。

4.雷电原型说

"雷电原型说"认为龙的原型来源于雷和闪电。主张"雷电原型说"的研究者认为，在龙崇拜的年代，正是农耕文明出现的时代，自然降水是与农作物产量的高低紧密联系在一起的。在先民万物有灵的思维中自然有一位掌管着降水的神祇。通过长期的观察，先民们发现降水总是与雷电联系在一起的，因此把雷与闪电塑造为这位神祇的形象——龙。当然在这种崇拜中同样也有原始先民对雷电威力的恐惧，雷击和闪电带来的火灾威胁着先民们的生命，出于趋利避害的心理，先民们利用交感巫术创造出龙的形象。

此外，雷神与龙也有着千丝万缕的联系。《山海经·海内东经》有"雷泽中有雷神，龙身而人首"的说法。《淮南子·地形训》有"雷泽有神，龙身人头，鼓其腹而熙"的记载。这也都说明了雷与龙的关系。

王充在《论衡·感虚篇》中写道："雷龙同类……龙闻雷声则起，起而云至，云至而龙乘之。云雨感龙，龙亦起云而升天。"根据王充的看法，雷、龙和云是同一性的，雷电与龙存在着交互感应。

与"雷电原型说"类似的还有"云原型说"，它的基本原理与"雷电原型说"相似。"雷电原型说"迄今为止没有考古学和其他学科的旁证，使得它缺乏全面的说服力。

5. 龙星原型说

"龙星原型说"认为龙来源于中国古代"四象"之一的苍龙，是星宿的具体

化。中华先人在观察天象的时候，根据星宿分别对应的四方提出了"四象"的说法，并且用不同的生物来为它们命名，分别是东方苍龙、西方白虎、南方朱雀和北方玄武，称为"四灵"。

由于天文观测与先民的生产生活有着密切的关系，因此在中华文化中"四象"的出现得相当早，在距今约6000年的赵宝沟文化中就出现了疑似"四灵"的图案。与其大约同时期的河南

|辽代雕四神纹石棺 辽宁省博物馆馆藏|
摄影：刘智杰

濮阳西水坡遗址也出现了苍龙和白虎的蚌塑，而在战国早期曾侯乙墓中出土的陪葬衣箱上就已经出现了相对完善的"四灵"和二十八宿的图案，其中苍龙已经与后世的龙在外形上相差无几了。特别是在这一星图中还特意标出了大火星，这可以说是后来的二龙戏珠的先声。由此可知，龙是苍龙七宿的形象化的体现。

在《左传》中有"见龙而雩（yú）"的说法，就是说当龙星出现的时候就要进行雩祭。雩祭是古代求雨的仪式，这也和龙的祥瑞功能有关。

此外，闻一多先生也认为，在《周易》中提到的龙也与不同季节龙星的方位有关。今天民俗中的"二月二，龙抬头"也是古人观察龙星运行的一种观念遗留。

"龙星原型说"是根据文化典籍与出土文物的一种假说，同样缺乏更有力的论证。

除了以上几种说法，关于龙的起源还有其他很多种说法，如"松柏说""河川说""虹说""恐龙说"等等，不一而足。

现在学术界一般认为，龙是观念文化的产物，它具有一定的生物学或是自然现象的来源，但随着中华先民对世界把握能力的加强，它成为融多种元素和功能于一身的多元一体的文化生物，所以要想把龙的起源定为一个具体的生物，这恐怕不是一个简单的问题。

龙如何成为吉祥瑞兽

| 龙如何成为吉祥瑞兽 |

龙是中华文化中唯一形成谱系的吉祥瑞兽，从远古到今天，我们时刻可以看到龙文化的影响。龙的神圣化有着一个漫长的过程，它是与中华先民对自然界和人类自身的认知与把握紧密地联系在一起的。正是在不断地改造自然的过程中，中华民族的先民们把自身对世界的观察和审美不断地附加于这一文化符号之上，从而形成了具有民族特色的文化象征物——龙。

从《左传》的记载中我们可以知道，在春秋时代龙就享有智慧的名声，那时人们就已经很难看到和捉到龙了。鲁昭公二十九年（公元前513年），龙出现在绛地郊外，魏献子去请教太史蔡墨，他问道："我听说龙是虫类里最聪明的，因为不能被人捕捉，是不是这样？"蔡墨回答说："不是龙太聪明，而是现在的人不聪明。在古代，人不仅能够捉到龙，而且还能养龙和驯龙。"然后详细地给魏献子讲述了自舜到夏代，古人养龙、驯龙和食龙的故事，并且就此讲解了古代官职和祭祀的来历。特别介绍了《周易》中关于龙的卜辞，以此证明龙是古代常见之物。"若不朝夕见，谁能物之"——"如

| 仙人铜镜水里蛟龙 辽宁省博物馆馆藏 |

摄影：隋丽

| 春秋时期蟠虺纹铜盉 侧面是龙首造型 辽宁省博物馆馆藏 |

摄影：刘智杰

讲了一个神话故事，但是这个故事传承有序，有根有据，而且中国的史官历来责任重大，是不可能信口雌黄的，因此这段话经常被引用作为龙生物学原型存在的证明。我们也可以从这段话中看出，龙在春秋时期就已经成为一种文化符号，否则魏献子不会在人心惶惶之际去请教太史以决定是否捉龙了。而且从今天见到的甲骨文，我们也可以知道，在商代也有很多关于获龙的记载。这也从一个侧面证明了蔡墨所言不虚。

果不是早晚都能见到，谁能够那么具体地描述它？"可以说，作为史官的蔡墨仿佛

中华民族对龙的崇拜经历了自然崇拜、图腾崇拜和祖先崇拜的全过程，龙也从高不可攀的自然之神变成了与人们生活密切相关的吉祥瑞兽，成为民族文化的独特

象征。

1. 自然崇拜之龙

众所周知，人类最早的宗教信仰是自然崇拜。人类相信万物有灵，因此各种自然现象，日月星辰、风雨雷电等等都成为人类崇拜的对象。人类对龙的崇拜也是从这个时期开始的。

我们所列举的龙的起源的"雷电原型说""龙星原型说"，在某种程度上，都是自然崇拜的产物。雷电、龙星等自然现象直接影响着人们的生产生活。雷电可以给人们带来降水，但也可能带来灾害。龙星出现了，充满生机的春天要来临了，温暖的日子开始了；龙星消失了，肃杀的秋冬季节要来临了，饥寒交迫的日子开始了。先民们通过对自然的观察，从顺应自然到掌握自然，试图通过某种神秘的联系来取悦自然，使之能够与自己和谐，能够使自身的生存变得更容易一些。在这种情况下，自然崇拜的龙也就应运而生了。

以雷电为例，打雷与闪电并行，闪电先至，而雷声在后，先民们可能以为雷声是闪电的吼声，以此为雷电命名，称其为龙。而龙星则以其"春分而登天，秋分而潜渊"的运行规律，使人们感受到四季的变化，从而认为这一切源于一个具有生命的龙。

这样的自然力对人们的影响是巨大的，直到今天还有"龙挂""龙卷风"的说法，这应该也是自然崇拜的遗存。

2. 图腾崇拜之龙

随着原始先民征服自然和改造自然能力的逐渐增强，人们开始发现，某些自然现象与自己有着更为密切的关系，这种关系或是带来益处的亲密之情，或是产生危害的恐惧感。在超自然观念的支配下，人们把自己同这种自然现象联系起来，视之为神灵，并且认为自己与这个神灵之间存在着独特的

血缘关系，把这个神灵作为本氏族的祖先和保护神来崇拜。在这种情况下，图腾信仰就出现了。每个氏族选择的图腾崇拜对象往往是与本氏族生产生活关系密切的动植物或是无生物。这一时期，中国龙从自然崇拜的神物转型为图腾信仰之龙。

龙作为华夏族的图腾可以在诸多的感生神话（关于人类始祖诞生的一种神话类型）中找到它的影子。《帝王世纪》中记载，女登感神龙首而生炎帝、庆都感赤龙而生尧、握登见大虹而生舜……这些都是母系氏族社会的女性祖先与图腾的感生关系。由此可见，龙是华夏先民中的氏族图腾。而且龙的形象的多样化，也正是龙图腾氏族不断发展壮大，出

| 龙鱼型石坠饰　辽宁省博物馆馆藏 |
摄影：刘智杰

现胞族、氏族的表现。

此外，在《左传》中也可以找到龙图腾崇拜的印证。鲁昭公十七年秋，郯子来朝，在回答昭子的问题时说，"太昊氏以龙纪，故为龙师而龙名"。太昊氏伏羲在成为部落首领的时候，出现了龙的祥瑞，因此以龙来命名官职。在《竹书纪年》中还详细地列出了各个官职的名称和职责，如飞龙氏、土龙氏、居龙氏等等。这是先民们对本氏族的图腾进行模仿的显著案例。郯子举出的其他例子也说明了这一点。

龙是中华民族的图腾，长久以来已经形成定论。但是我们需要指出的是，第三代以后的龙就已经不再是华夏族的图腾或者说它不再符合现代图腾的定义。中国龙从单一的图腾进化成为多元共体的文化生物，它经历了原始氏族时代的起源和文明时代的发展变化，在形象和内涵方面已经发生了质的飞跃，它的社会功能已经突破了图腾的那样一种简单化的功能，早已经不是某一个氏族的祖先和保护神，而是上升为中华民族的共祖。

| 龙灯　温州市非物质文化遗产博物馆馆藏 |

摄影：隋丽

| 龙舟灯　温州市非物质文化遗产博物馆馆藏 |

摄影：隋丽

龙的图腾色彩虽然弱化了，但它在漫长的历史发展过程中，已经形成了不同的文化意识和风俗习惯，渗透于人们的生活之中。如在我国一些地区的有龙舟竞渡、舞龙等民间习俗。仅就舞龙而言，形式繁多，有"扁担龙""肉龙""柑子龙""采龙""板凳龙""小金龙""蠕龙""虾子龙""火龙"等多种形式。舞龙的花样也和技巧也纷繁复杂，有"金龙绕柱""青龙上升""龙头穿花""引龙出洞"双龙抢

珠""龙脱衣""滚龙""盘龙"等等，这些民间习俗，显示着老百姓对龙的崇拜，寄寓着他们对美好生活的向往，龙成为中华民族独具特色的基因符号。

3. 祖先崇拜之龙

祖先崇拜是中华民族的三大崇拜之一，它构成了中华民族的信仰体系。中国人把炎帝与黄帝视为中华民族的始祖。其实，与炎黄并列为"三皇"，而且排位居首的是太昊伏羲氏，

|民间布艺　河南乔台山民俗博物馆馆藏|

摄影：隋丽

他们是中华民族的共祖，这三位始祖神与龙有着千丝万缕的联系，可以说，他们都是龙的后人。炎帝是女登受感于神龙而生，黄帝是附宝见大电绕北斗而生，而伏羲则是华胥在雷泽踩了巨人的足迹受孕而生。大电、雷泽或是龙的原型，或是雷神（也是龙的化身）的居所，这说明了中华民族的始祖都是龙的传人。

在中国神话的历史化过程中，炎黄二帝的神格已经丧失，由神皇转变为人皇，我们看到的炎黄二帝的形象不再具有龙的神性特征。不过，在汉代的画像石上我们还能够看到伏羲和女娲的未经改造过的原始形象。

提到伏羲，就不能不说到女娲。女娲抟土造人和炼石补天是广为人知的神话故事。在汉代的画像石以及后世的绢画上伏羲与女娲都是同时出现的，一人执规，一人执矩。相传二人本是兄妹，后来结为夫妇，成为人类的始祖，所以伏羲与女娲还被称为高禖（méi，古代求子的祭祀）神，也就是生殖神，今天在淮阳的伏羲陵还可以看到泥泥狗等象征生殖的古老遗存。

伏羲对人类的贡献是巨大的。他"仰则观象于天，俯则观法于地，旁观鸟兽之文与地之宜，近取诸身，远取诸物"，发明了八卦，制嫁娶，结网罟（gǔ，渔网），制庐屋，作乐器……推动了文明的进步。

我们看到的汉代伏羲与女娲的画像都是人首龙身，

因为蛇是没有足的，而画像石上的伏羲与女娲像都生有两足，所以我们认为伏羲与女娲是人龙合体，这也是原始宗教在进化过程中出现的一种典型现象。

伏羲和女娲具有龙的特征，不仅在画像石上有所表

| 伏羲女娲像 |
摄影：刘智杰

现，而且在文字上也有记载。在王延寿的《鲁灵光殿赋》中有"五龙比翼，人皇九首。伏羲鳞身，女娲蛇躯。"灵光殿是西汉初期鲁恭王刘馀的宫殿，这里写的大概就是类似武梁祠画像石的壁画。

由此可见，伏羲与女娲都是龙的形象，作为始祖神，这也印证了中国人自称龙的传人是确有其文化渊源的。

4. 皇权崇拜之龙

可以说，在中华文化中龙从出现的初始就注定了自己的意识形态特征。随着文明的演进和社会的发展，这种意识形态特征变得越来越明显，逐渐演化成代表皇权的政治之龙。

我们在前面所讲的，古史传说年代的帝王们与龙

有着密切的关系，但龙及其形象还未必为其所独占。到了西周时期，出现了中国历史上最早的舆服制度。对于天子与百官的服式、颜色及纹样做出了官方的规定，服饰纹样成为权力与等级的标志。天子的服饰用十二章，其中就包括龙，取其应变之意。此时龙正式与王权确立了联系。

在《周易》中有"九五，飞龙在天"，后世把九五至尊作为皇帝的专称。古代典籍中用龙来比喻君王的最早记载出自司马迁的《史记》，介子推因在公子重耳（也就是后来的晋文公）逃难时"割股奉君"，晋文公登基之后想要重赏他，介子推却归隐绵山，他的从者给晋侯的留书称，"龙欲上天，五蛇为辅。龙已升云，四蛇各入其宇，一蛇独怨，终不见处所"。从者替介子推鸣不平，这里明确用龙来比喻晋侯重耳。

秦始皇统一六国后，被尊称为"祖龙"（祖，始也；龙，人君像），皇帝专用的玉玺为螭（龙）虎钮，龙与封建君主的关系更加密切。

汉朝的第一个君主刘邦为了神化自己和巩固皇权，不仅编造了赤帝之子斩蛇的神话，而且声称刘媪受孕于龙生下了他。刘邦成为龙子，他的帝位也就是受命于天，龙开始直接服务于最高统治者的政治需要，它的图腾和

| 蟠虺纹铜盖壶 辽宁省博物馆馆藏 |

摄影：刘智杰

| 龙型帽架
辽宁省博物馆
馆藏 |

摄影：隋丽

| 乾隆款掐丝珐
琅甪（lù）端 |

摄影：隋丽

| 紫色蟒服
辽宁省博物馆
馆藏 |

摄影：隋丽

祥瑞功能逐渐被淡化。随着汉代中央集权封建制度的巩固，皇帝的天子身份越来越得到强化，龙与皇权也越来越密不可分。

到了宋朝，皇帝已经被称为真龙天子，服饰专用五爪二角龙。此外龙字也为帝王专用，民间严禁使用。这一时期，龙已经为帝王所独占，成为皇权的象征。元承宋制，进一步试图用龙来提高政权的威望，到了明清时期，皇权对龙的使用达到了顶峰，这可以从故宫的建筑装饰上得到证明。

随着封建制度的日渐没落，帝王们对于龙的使用也更加敏感。明朝嘉靖皇帝就多次因为臣下穿蟒袍而责问礼部。到了清朝，皇帝的衮（gǔn）服天子的礼服以五爪金龙为主，共有九条，其他纹饰已经接近消失，龙成为皇帝衮服的唯一装饰图案。这时已经允许各级官员穿着四爪五蟒袍。而民间用龙已经不禁，龙的祥瑞功能得到了部分恢复。

由此可见，中国历代帝王对龙的垄断与独占，无非是借用龙在民族文化中的崇高地位来树立自己的政治权威和证明专制权力的合法性，但这种行为也赋予了龙的权力符号特征，使龙的地位变得更加尊贵和神秘。

5. 变异的神祇——龙王

提到"龙王"或是"海龙王"，中国人并不感到陌生，似乎还有一丝亲切感。一方面，龙王司雨，与农业生产密切相关，直到今天，

永陵石雕坐龙，狗首龙身，形态奇特。

摄影：隋丽

永陵石雕坐龙，龙首狗身。

摄影：隋丽

琉璃行龙

摄影：隋丽

很多地方还可以看到龙王庙。另一方面，龙王多在文学作品中出现，成为"箭垛式"的文学形象。想一想我们熟悉的《哪吒闹海》和《西游记》中的龙王形象，生动体现了它的重要地位。

其实，无论"龙王"，还是"海龙王"，都是舶来品，并非中华文化原生的产物。目前可以找到的关于龙王的最早文献记载是在魏晋时期。学界较为公认的说法是，龙王是中国龙与印度佛教中司雨的"Naga"（音译为"那伽"）相融合的产物。佛经中的"Naga"本意为"蛇"，中文译为"龙"。这是在翻译中的一种借用手法，将两种性质或形式上相近的事物互借，以方便对它

的理解，从此龙王便成为中国的水神，开始负责管理中国的各大水系，职司水旱丰歉。后来随着海洋捕捞和海上贸易的迅速发展，沿海地区又出现了海龙王。

在中国的神谱中水神原本是河伯。宋赵彦卫《云麓漫钞》中有云："古祭水神曰河伯。自释书入，中土有龙王之说，而河伯无闻矣。"这是对"中国龙王"出现的最好注解，自从佛教中的龙传入中土，河伯就变得默默无闻了。

时至今日，龙王已经成为中华龙文化中不可或缺的一员，它不仅为中国龙文化增添了新的内容，而且体现了中国龙文化融合和创新的顽强生命力。

龙的祥瑞功能

| 龙的祥瑞功能 |

在中国文化中龙是祥瑞的象征。这从龙的形象就可以看出来，古人说，龙有九似，头似骆驼，角似鹿，眼睛像兔，耳朵像牛，脖子像蛇，腹部像蜃，鳞像鲤鱼，爪子像老鹰，掌像老虎。其中绝大部分是以人们生产生活当中熟悉而亲切的动物为主，这些动物或是人们日常生活当中经常接触的，或者是被人们视为勇猛象征的动物，这些动物集合起来所构成的龙的形象，充满了中国人祈求吉祥的美好愿望，是和民众的吉祥观念完全一致的。按照他们最美好的想象创造出来的龙，结合了构成它的各种生物的美好象征，如鹿象征的"禄"，"鱼"象征着的富贵有余、子孙昌盛，林林总总，不一而足。可以说，龙的祥瑞功能是在历史的发展中逐步定型的。那么它能给人们带来哪些祥瑞呢？

1. 镇邪祛恶

龙的镇邪祛恶的祥瑞功能，最典型的要数苍龙了。苍龙是四灵之一，四灵指的是苍龙、白虎、朱雀和玄武（还有五灵说，即麟、凤、龟、龙和白虎）。这本是上古时观时授历的参照物，古人为了更好地观测天象，就把在日月运行轨道（黄道和白道）附近的恒星分为二十八个区域，由此构成二十八宿。二十八宿正好在天空的四方，每方七宿，因而将之称为四象，并分别将这四象与四（五）种灵物相对应，这就是四灵的起源。

四灵作为"王者之嘉瑞"在社会生活中有着重要的作用。特别是中华民族的以天为法的思想观念，使四灵成为取法于天的标准参照物，

"王者制宫阙殿阁取法焉。"四灵中尤其以苍龙和白虎为人们所重视，被视为镇邪祛恶的神灵被广泛使用。

2. 行云布雨

在中国文化中，龙的重要能力之一就是行云布雨。龙的这一能力是与上古先民的生活经验紧密相连的。"云从龙"，龙至而云现，就会出现降雨，所以《左传》中有"龙见而雩"的说法。

龙能够致雨的原因，在《山海经》中也有解释：

《山海经·大荒北经》："蚩尤作兵伐黄帝，黄帝乃令应龙攻之冀州之野。应龙畜水。蚩尤请风伯雨师，纵大风雨。黄帝乃下天女曰魃，雨止，遂杀蚩尤。"

《山海经·大荒东经》：

| 唐代龙纹石棺板 辽宁省博物馆馆藏 |

摄影：刘智杰

28

"大荒东北隅中,有山名曰凶犁之丘。应龙处南极,杀蚩尤与夸父,不得复上,故下数旱。旱而为应龙之状,乃得大雨。"

《山海经·大荒北经》:"应龙已杀蚩尤,又杀夸父,乃去南方处之,故南方多雨。"

从这些记载可以看出,应龙能够司雨,但是在参加了黄帝与蚩尤的战争之后,仿佛不能回到天庭,只能迁到南方,但是如果干旱,做成应龙的样子,就会降雨,这恐怕是天人感应的最早应用吧。

华夏民族对天的信仰由来已久,天人互感也早为我们的先人所领悟,因此在求雨的时候,就利用这种交感理论,来引龙降雨。《淮南子》中记载,"用土垒为龙,使二童舞之入山,如此数日,天降甘霖也。"王充对此的解释是,"董仲舒(董子在《春秋繁露》中所载求雨的方法甚是详细)申《春秋》之雩,设土龙以招雨,其意以云龙相致。"云龙相致,也就是同类相吸,从文学中我们可以想到好龙的叶公,从考古上我们可以想到查海文化的石块摆塑龙。以龙致雨正是中国古代天人合一思想的流变。

在龙王出现以后,求雨的方式发生了改变。其中具有中国特色的是"鞭龙"和"曝龙",这种以惩罚要挟来达到目的的方法,可能是商周时期求雨"焚巫尪(wāng)"的变化吧。

因龙能行雨而崇拜它,这是中国农耕文化的鲜明体现。民间习俗中的赛龙舟、舞龙也是求雨仪式的竞技和艺术的转化。

3. 沟通天地的神物

龙是古史传说年代诸神的坐骑，这使它获得了沟通天地（上至天庭，下至幽冥）的神性。

《山海经·海内北经》："冰夷，人面，乘两龙。"

《山海经·海外西经》："西方蓐收，左耳有蛇，乘两龙。"

此外，祝融乘两龙，句芒乘两龙等等，诸神乘龙的记载数不胜数，在《楚辞》中也有很多：

《云中君》："龙驾兮帝服，聊翱游兮周章。"

《大司命》："乘龙兮辚辚，高驰兮冲天。"

《东君》："驾龙舟兮乘龙，载云旗兮委蛇。"

《河伯》："乘水车兮荷盖，驾两龙兮骖螭。"

作为坐骑，它同样也能引人升天，去天庭做客：

《山海经·大荒西经》："西南海之外，赤水之南，流沙之西，有人珥两青蛇，乘两龙，名曰夏后开。开上三嫔于天，得《九辩》与《九歌》以下。"

上文说的夏后开就是启，他多次乘龙去天帝那里做客，还乘机偷窃了天帝的仙乐。

作为沟通天地的灵物，龙还可以引人升天，达到极乐世界。相传黄帝"铸鼎于荆山下，鼎既成，有龙垂胡髯下迎黄帝"，于是黄帝乘龙升天。

今天，我们还可以在战国时期楚国的帛画（应该是送葬时的招魂幡）上看到墓主人或是乘龙车，或是在龙凤的引导下升天的场景。同样，在马王堆汉墓的非衣帛画上我们也可以看到一个龙飞于天的奇妙天国。在两汉时期的墓葬中墓主人乘龙羽化升仙是当时墓葬文化的核心内容之一。

这幅《四神云气图》壁画是河南省博物院的镇馆之宝，是中国目前所见时代最早、画面最大、级别最高、保存最为完整的壁画，来自河南柿园墓，墓主人是西汉梁国第二代王——梁共王刘买。这幅壁画是在墓室的墙壁上发现的，画面中一条青龙气势磅礴，蜿蜒逶迤，一条后足连接朱雀之尾，青龙

之上有朱雀（凤凰），青龙之下是一只白虎，张着大口，欲"攀龙附凤"，怪兽（玄武）在青龙之前。

围绕着青龙、朱雀、白虎、怪兽四神的是祥云、荷花、灵芝等，寓意主人在龙凤等四神的护佑之下，登临仙界的美好向往。

无独有偶，河南濮阳西水坡遗址的墓葬中也有一个蚌壳摆塑的龙，头朝东，背上骑一人。历史学家张光直先生认为，这表现的是墓主人乘龙升天的场景。

在四川广汉三星堆遗址发现的盘绕在通天神树上的

龙，更加直观地表现了龙通天达地的神性。我们觉得，这棵通天神树就是先人思维中的宇宙树，这条盘龙就是沟通天地的神使。

龙与神、天庭的神秘联系是它被神圣化和尊崇的重要动因之一，它给世人带来永生的热望和安慰。

4. 相比圣贤

由于龙的神奇属性，在中华文化中还用龙来比喻那些具有过人才华与品行的圣贤。

如孔子在向老子求教之后，对自己的弟子表示："鸟，吾知其能飞；鱼，吾知其能游；兽，吾知其能走。走者可以为网，游者可以为纶，飞者可以为矰。至于龙，吾不能知其乘风云而上天。吾

今日见老子，其'犹龙邪'！"夫子把老子比喻成龙，是叹服老子学问的高深，大有神龙见首不见尾的感觉。

此外，"功盖三分国"的诸葛亮被人称为"卧龙"，后汉许劭、许虔兄弟、三国时吴国的刘岱、刘繇兄弟、南朝梁谢览、谢举兄弟都被时人称为"二龙"……纵观历史，被以龙相称的名人贤士可谓是不胜枚举。

因为龙的德行和智慧，人们以龙喻人，表达对杰出人物的敬仰和钦佩之情，反映了中华民族尊重知识、尊重人才的民族传统。

5. 民间吉祥象征

中国龙文化的发展具有鲜明的民间色彩，正是民间对龙的喜爱和尊崇之情，龙

文化才能够打破皇权的垄断和禁忌，在数千年的演进过程中，不断地被赋予新内容和新形式。在民间吉祥文化中，二龙戏珠与龙凤呈祥是最为常见的。

二龙戏珠在中华文化中具有辟邪御凶的文化含义。这一图案广泛地应用在建筑、服饰等与人们生活相关的物品之上，这是中华龙文化的民间表达。二龙具有好事成双、天降祥瑞之意。珠的含义相对多元，有的说是

夜明珠，有的说是月亮，还有的主张是大火星，我们认为，龙本身额下有明珠，二龙所戏之珠应为龙的内丹，戏珠的行为本身就意味着对珠的修炼。至于所戏之珠成

|墓室壁画 凤
引领灵魂飞升
辽阳市博物馆馆
藏|

　　摄影：宋雨蔚

|清光绪款粉彩
龙凤纹瓷碗局部
1 辽阳市博物
馆馆藏|

　　摄影：宋雨蔚

|清光绪款粉彩
龙凤纹瓷碗局部
2 辽阳市博物
馆馆藏|

　　摄影：闻良

|清光绪款粉彩
龙凤纹瓷碗局部
3 辽阳市博物
馆馆藏|

　　摄影：闻良

为火珠，或是从现实功用（火可以辟邪），或是从审美角度（中华民族尚红）所做的

　　二龙戏珠作为中华民族喜闻乐见的吉祥图案，它已经成为中华传统文化的象征，广泛地应用在各个领域。

　　龙凤呈祥是一个古老的图案，传说它起源于龙凤图腾的结合。我们今天看到的最早的龙凤合体的图案出现在战国时期的楚国帛画上，表现的是龙凤引导女性墓主人升天的图景。在这里，龙凤的神性特征已经得到了充分的表达。

　　随着时代的演进，龙凤被赋予了政治特征，龙成为帝王的象征，凤成为皇后的象征。龙凤组合的图案成为皇家的专用。清朝建立之后，龙凤图案使用的禁忌逐

｜沈阳故宫建筑彩绘　龙凤呈祥｜

摄影：刘智杰

渐放宽，民间婚礼中也开始使用龙凤图案，龙凤呈祥开始作为民间婚俗的一部分流行开来。

龙凤呈祥是中华民族的二元宇宙观的民间表达，表现了人们通过阴阳平衡实现万物和谐的思想观念。它是中华文化和理念的完美体现，是中华民族精神的神圣象征。

除此之外，生肖龙也是民间文化的生动体现。龙与辰相配，辰本为震，表示的是阳气生发，万物复苏，这也表现了龙的特性。

作为民间文化的龙是人

｜青龙碗　沈阳故宫馆藏｜

摄影：刘智杰

｜清代紫龙瓶局部　沈阳故宫馆藏｜

摄影：刘智杰

民心智的外在表现，也是生命力的源泉。人民的智慧赋予龙越来越多的新内涵，使龙这一古老的文化象征焕发了新的生机。龙的祥瑞功能是中华民族崇拜龙、喜爱龙的内在动因，它和大众审美紧密相连，表达了龙文化的民间性。随着时代的发展，它必定会历久而弥新。

龙的吉祥形态

| 龙的吉祥形态 |

龙作为吉祥瑞兽，被赋予了种种美好的想象，由于形象太多，后人只能为龙建立了家族谱系，附会了龙子的传说，让龙各司其职，守护人间的祥瑞。在历史演化过程中龙的形象也经历了从原龙到夔（kuí）龙、飞龙和黄龙的变化，同时在不同的应用领域中，龙纹图案也有了很多的变异。

1. 龙的儿子们

俗话说："龙生九子，各有不同"，所谓"龙生九子"，并不是说龙恰好有九个儿子，而是以九表示极多。中国传统文化中，九是个虚数，也是贵数，有至高无上的地位，所以用九来形容龙的儿子们。

龙有九子这个说法由来已久，但是究竟是哪九个儿子，并没有明确的记载。据说一次早朝，明孝宗朱佑樘突然心血来潮，问礼部尚书、文渊阁大学士李东阳："朕闻龙生九子，九子各是何等名目？"李东阳仓卒间不能回答，退朝后左思右想，又向几名同僚询问，糅合民间传说，七拼八凑，才列出了一张清单，向皇帝交了差。

明代一些文人笔记中对诸位龙子的情况均有记载，但尚无定论，如陆容的

《菽园杂记》、李东阳的《怀麓堂集》、杨慎的《升庵外集》、李诩的《戒庵老人漫笔》、徐应秋的《玉芝堂谈芸》等。那么，龙的儿子到底都是谁呢？

相传，龙的大儿子叫囚牛

|囚牛 引自徐华铠编著《神龙》|

|睚眦 引自徐华铠编著《神兽》|

牛，它是一条有鳞角的黄色小龙，平生酷爱音乐，经常蹲在各式各样的琴头上欣赏音乐，因此琴头上常常刻有它的形象。在汉族的胡琴、彝族的龙头月琴、白族的三弦琴以及藏族的一些乐器上，都有囚牛扬头张口的形象，称为"龙头胡琴"。

龙的二儿子叫睚眦（yázì），它长着龙的身体和豹子头，性格十分刚烈，平生嗜杀好斗，常常立于刀环、剑柄吞口，所以它的形象常被雕饰在刀柄剑鞘上。无论是纵横沙场的兵器，还是仪仗和宫殿守卫者的武器，都雕刻有睚眦的形象，彰显出震慑人的力量，威严而庄重。睚眦的本意是怒目而视，所谓"一饭之德必偿，睚眦之怨必报"。报仇则不

免腥杀，于是，这位模样像
豺一样的龙子便出现在了
刀柄刀鞘上。

　　龙的三儿子嘲风，是一
只小兽的形象，平生喜好探
险，又喜欢四处张望，常常
站立在宫殿的殿台角上，单
行排列，挺立在垂脊的前端。
嘲风的形象使整个宫殿的造
型宏伟而精巧，庄重而和谐，
给高耸的殿堂平添一层神秘
气氛。嘲风不仅象征着平安
吉祥，而且它威严的形象还
能威慑妖魔、避免灾祸。

　　龙的四儿子叫蒲牢

（pǔ），像一条盘曲着身体
的小龙，平生好鸣好吼，我
们可以在洪钟上看到它龙形
兽钮的形象。蒲牢最初居住
在海边，但它十分害怕体形

| 戴着胸甲的
狻猊 |
摄影：刘智杰

| 香炉上的
狻猊 |
摄影：刘智杰

| 四足香炉上的龙　辽宁省博物馆馆藏 |

摄影：刘智杰

庞大的鲸鱼，每当鲸鱼发起攻击时，它就吓得大声吼叫。人们为了让钟声响亮，根据蒲牢"性好鸣"的特点，把它铸为钟钮，把敲钟的木杵做成鲸鱼的形状，敲钟时，用鲸鱼形的木杵撞击蒲牢，认为这样便可以让钟声如雷贯耳，响彻云霄。

龙的第五个儿子是狻猊（suān ní），又称金猊、灵猊。形似狮子，平生喜静不喜动，好坐，又喜欢烟火，所以常常趴在佛座和香炉的脚上。此外，明清时期的石狮或铜狮颈下项圈中间的龙形装饰物也是狻猊的形象，使守卫大门的石狮更为威武气派。

龙的第六个儿子是霸下，又叫赑屃（bì xì），形似乌龟，但比乌龟多一排牙齿，且背甲上甲片的数目和形状也不同于乌龟，其原形可能为斑鳖，象征着长寿和吉祥。它力大无比，平生好负重，常常驮着沉重的石碑。传说霸下上古时代常驮着三山五岳，在江河湖海里兴风作浪。后来大禹治水时收服了它，它帮助大禹推山挖沟，疏通河道，立下了汗马功劳。洪水治服之后，大禹担心霸下自我膨胀、继续四处撒野，便搬来顶天立地的特大石碑，刻上霸下治水的功迹，叫霸下驮着。它总是吃力地昂着头，挣扎着向前走，但由于石碑的重负，总是移不开步。

龙的第七个儿子是狴犴（bì àn），又名宪章，外形似虎。传说狴犴不仅仗义执言，而且能明辨是非，秉公而断，它威风凛凛，富有威力，于

| 狴犴 引自徐华铛编著《神龙》|

| 鸱吻 沈阳故宫馆藏|
摄影：刘智杰

| 饕餮纹簋（西周） 辽宁省博物馆馆藏|
摄影：刘智杰

是便化作虎头形的装饰出现在牢狱的大门上，民间有"虎头牢"的说法。它也常常匍伏在官衙的大堂两侧，行政长官衔牌和肃静回避牌的上端也有它的形象。它虎视眈眈，环视察看，维护公堂的肃穆正气，增强了牢狱的威严，让罪犯们望而生畏。

龙的第八个儿子是负屃（fù xì），形似龙，平生雅好斯文，石碑头顶两旁的文龙是它的形象，它们互相盘绕，似乎在慢慢蠕动，你中有我，我中有你，衬托着传世的文学珍品，把碑座装饰得更为典雅秀美。文龙的图案和底座的霸下遥相呼应，威武壮观。

龙的第九个儿子是螭吻，又名鸱（chī）尾、鸱吻，也叫好望、吞脊兽，形状像剪掉尾巴的四脚蛇，嘴巴宽阔，脖颈粗大，平生好吞，我们在殿脊两端看到的卷尾龙头便是螭吻的化身。它口吞正脊，身披鳞甲，背插剑把，后加背兽，上塑小龙，威武而瑰丽。传说螭吻属水性，喜欢在险要的地方东张

| 身插宝剑的鸱吻 沈阳故宫 |
摄影：刘智杰

| 椒图 沈阳故宫 |
摄影：刘智杰

西望，也喜欢吞火，"木匠祖师爷"鲁班就把它作为建筑物上的俏柱，立于屋顶，用它来镇邪避火。

除此之外，还有饕餮、椒图、螭首、麒麟、貔貅也是龙的儿子的说法。

饕餮（tāo tiè），在古代中国神话传说中是一种神秘的怪物，它的眼睛长在腋下，羊身人面，虎齿人手，是一只凶恶贪食的野兽，所以人们常常用饕餮来形容贪婪的人，将贪恋食物或者财物的人称为饕餮之徒，还把饕餮的头部形状作为钟鼎彝器上的装饰图案，叫做饕餮纹。

椒图（jiāo tú），也是龙的儿子之一，盘旋的外形像螺蚌的形状，性格内向闭塞，不喜欢与外界接触。每当螺蚌遇到外物侵犯时，总是将

壳口紧合，因而人们常将它雕在大门的铺首上，铺首衔环便是他的形象，希望它能抵御外物的侵犯，保佑平安。

传说螭首也是龙的儿子之一，属于蛟龙的类别，嘴巴很大，能吞江吐雨，所以人们把它的形象雕刻在建筑物的排水口上，希望能借助螭首的威力顺利排水，称为螭首散水。在古代青铜纹饰、

碑额、印钮中也常见螭首的形象。

麒麟，也叫作"骐麟"，是中国古代传说中的祥兽，雄性名麒，雌性名麟，集龙头、鹿角、狮眼、虎背、熊腰、蛇鳞、马蹄、牛尾于一身，与凤、龟、龙共称为"四灵"，性情温和，乃吉祥之宝。古人认为，麒麟出没处，必有祥瑞。人们将麒麟作为公堂上的装饰，象征权贵，以振官威。而且麒麟不畏火焰，所以将它摆放在重要建筑门前，用做避火神兽。人们也常用麒麟比喻才能杰出、德才兼备的人。民间常在新婚人家布置"麒麟送子图"，画的是一个小孩儿骑在麒麟背上，寓意是希望能早生贵子。小孩儿佩戴的长命锁用金或银打成麒麟状，表达了

人们望子成龙的美好愿景。

犼，俗称望天吼、朝天吼，是观音菩萨的坐骑。它似龙非龙、似犬非犬，生性凶猛，四肢强健有力，弓腰挺臀、威武轩昂，前腿直立、后腿左右分开蹲坐，昂首怒吼、有随时腾跃奋起之势，全身透着一股豪气和霸气。华表柱顶雕刻着朝天吼的饰物，昂首引颈，仰天长啸，被视为上传天意，下达民情。

貔貅又名天禄、辟邪，龙头、马身、麟脚，灰白的毛色，形状似狮子，会飞。雄性名为"貔"，雌性名为"貅"。在古时这种瑞兽分一角和两角两种，一角的称为"天禄"，两角的称为"辟邪"。

貔貅凶猛威武，它在天上负责巡视工作，防止妖魔

鬼怪、瘟疫疾病扰乱天庭。古时候人们还把貔貅作为军队的称呼。传言它是龙的儿子之一，因为调皮惹恼了玉皇大帝，一掌打在屁股上，结果它成了一个有嘴无肛门的神兽，能吞万物而从不泻，可纳食四方之财，招财进宝，趋财聚财。

关于龙的儿子们为什么会留在人间各司一职，还有一段流传民间的传说。

相传，刘伯温本是玉皇大帝身前的一位天神，元末明初，天下大乱，战火不断，哀鸿遍野。玉帝令刘伯温转世辅佐明君，以定天下，造福苍生，并赐斩仙剑，号令龙的九个儿子，跟随刘伯温四处征战。龙九子个个法力无边，神通广大，为朱元璋打下了大明江山，又助朱棣

夺得了皇位。当它们功得圆满准备返回天庭复命之时，明成祖朱棣这个野心极大的帝王却想永远把它们留在自己身边，安邦定国，雄霸天下。于是他便借修筑紫禁城为名，拿了刘伯温的斩仙剑号令九子，九子顿时呼风唤雨，大发雷霆。朱棣见斩仙剑震不住九子，便决定用计，他对赑屃说："你力大无穷，能驮万斤之物，如果你能驮走这块先祖的神功圣德碑，我就放你们走。"赑屃一看原来是一块小小的石碑，便毫不犹豫地驮在了身上，但用尽法力却寸步难行。原来，神功圣德碑记载着"真龙天子"生前一世所做善事，功德无量，又有两代帝王的玉玺印章，能镇四方神鬼。八子眼看赑屃被压在碑下，不

忍离去，便决定一起留在人间，但发誓永不现真身。

朱棣虽然留住了九子，但得到的却仅仅是九个塑像般的神兽。

刘伯温得知此事后，也弃朱棣而去，脱离肉身返回天庭。朱棣后悔莫及，为了警示后人不要重蹈覆辙，便让九子各司一职，流传千古。

2. 龙的千姿百态

从龙的历史演变角度来说，龙大体上经历了原始龙、夔龙、飞龙和黄龙的不同阶段。

原龙：是指原始的龙，具备一些龙的本质特征，是龙起源时期的形象。

原龙大约出现在公元前一万年的新石器早期直到公元前三四千年的新石器时代晚期。

原龙的形象具有多样性。在辽宁省阜新县查海新石器遗址中发现的龙形摆堆是古老的原龙的重要考古发现，已初步具有了龙的整体造型。在随后的红山文化、仰韶文化、大汶口文化、龙山文化、河姆渡文化和良渚文化中又发现了马型、猪型、鱼型、鲵型、鳄型、蛇型、鹰型、虎型等不同形态的原龙。各种原龙都体现了通天神兽的特征，体现了原始图腾和超越原始图腾的多源性与兼容性。

夔龙：夏代的龙是几种原龙造型的初步综合，融合了蛇型、猪型、鲵型、鱼型和虎型原龙的特征，龙头取象于蛇，身上有鳞片，眼睛呈梭形，取象于猪，吻部也和猪比较相像。

殷商时代的龙笼统地被称为夔龙。商代的夔龙超越了前代的原龙，形象更为成熟。夔龙是商代的族徽，在《山海经》等神话传说中，夔龙形状似牛，无角，一足。

在商周时期的青铜器上，经常可以看到夔龙纹的纹饰，其形状多为张口、卷尾形。夔龙的形态多样，从考古和文献中可以看出至少

｜战国夔龙纹滑石片　辽宁省博物馆馆藏｜

摄影：刘智杰

｜秦代夔龙纹大瓦当　辽宁省博物馆馆藏｜

摄影：靖丽

｜沈阳故宫屋檐上长着翅膀的应龙｜

摄影：刘智杰

有十几种之多,龙的头部开始出现角。有蛇头有角龙、独角大蜥蜴龙、鲵头蛇尾有角龙、虎头牛角龙等。虎头牛角龙纹在商代的青铜器中比较多见。西周时期,夔龙

| 腾飞的黄龙
沈阳故宫馆藏 |
摄影:刘智杰

的造型走向更加多样、统一与综合,融合了龙与花、鸟、猪与虎等动物的特征。

辽宁省博物馆珍藏的一个西周时代的蟠龙纹盖罍是在辽宁喀左县出土,距离红山文化赤峰猪型原龙出土地点不远,盖顶盘旋着一条小龙造型可爱,头部与猪极为相似,尤其是嘴巴、眼睛、獠牙,在头部上方还有一双粗壮的双角,前肢也类似猪的前肢,但是脚部却长着一双鹰一样的利爪。身体似蛇形盘绕,布满鳞片。

飞龙:又叫应龙,是有翼的龙,头大而长,眼眶大,前额凸起,颈部细长,腹部肥大。从春秋战国一直到秦汉时期基本定型,在战国时期的玉器中,经常可以看到飞龙的形象。龙的功能也逐

渐定型，从原始图腾发展为国家的象征。在出土的战国帛画中有"仙人乘龙图"，龙身体呈龙舟状，前后都长出双翼，作飞翔的姿势。龙头似鳄鱼，头上有双角，是一个典型的飞龙的形象。

屈原的《楚辞》中也多次提到飞龙。北京故宫博物院收藏的战国螭龙玉璧，后背上也非常明显地出现了翼。秦汉时期，飞龙基本定型，秦代的蟒蛇型飞龙比较典型，在秦砖中出现较多，龙身体蜷曲，似蟒蛇，并配有云纹，表明是腾空飞翔的龙，不是其他的龙。在宫廷的建筑上也可以见到飞龙。

黄龙：明清时期，黄龙是皇帝的象征，经常出现在宫殿的建筑和装饰中。如故宫的"九龙壁"就是最典型

| 龙袍上的升龙 辽宁省博物馆馆藏 |
摄影：隋丽

| 沈阳故宫屋檐上的行龙 |
摄影：刘智杰

| 唐三彩三足罐上的龙 辽宁省博物馆馆藏 |
摄影：刘智杰

| 沈阳故宫大殿上的坐龙 |
摄影：刘智杰

| 沈阳故宫石雕的坐龙 |

　　摄影：刘智杰

| 沈阳故宫的坐龙 |

　　摄影：刘智杰

| 沈阳故宫大政殿柱子上盘旋的蟠龙 |

　　　　摄影：刘智杰

| 铜镜上的升龙和降龙　辽宁省博物馆馆藏 |

　　摄影：隋丽

| 三国魏错金铜蟠龙　北京故宫博物院馆藏 |

| 沈阳故宫瓷器上的升龙和降龙 |

　　摄影：魏娜

| 沈阳故宫清代海水云龙碗 |

　　　　摄影：刘智杰

的黄龙。

从龙的外在形态来看，龙的形态变化多样，有的直飞上天，有的奔跑前行，有的正襟危坐，有的盘桓错绕。因此大体上可以分为升龙、坐龙、降龙、蟠龙、云龙等形态。

升龙是指龙的头部在上，身体呈上升飞腾的姿态。

行龙是指缓慢行走姿态的龙，整条龙呈水平状，侧面完全展示。行龙常常成对出现。

坐龙是指正襟危坐形态的龙，头部正面朝向，四爪伸向四个方向，龙身蜷曲，姿态端正。坐龙是最为尊贵的龙形，一般出现在帝王的龙袍和宫廷的正殿上。

降龙是指龙的头部在下方，身体倒悬，呈下降俯身

｜沈阳故宫的清代云龙纹兽面活环铜盖罐｜

摄影：刘智杰

｜沈阳故宫的清代釉里红云龙纹锥瓶｜

摄影：刘智杰

｜沈阳故宫的草龙纹｜

摄影：刘智杰

｜沈阳故宫的草龙坐龙｜

摄影：刘智杰

龙称为蟠龙。

云龙：是指奔腾于云雾之中的龙，云和龙交织在一起。

3. 龙的吉祥纹样：龙纹

云龙纹：云龙纹头、脚、尾是散开的形状，与云融为一体，是一种抽象的图案。在春秋战国时期较为流行，常常出现在漆器和青铜器上。

草龙纹：又叫"卷草缠

姿态的龙。降龙常常与升龙结合，成为两相呼应的构图。

蟠龙是蛰伏在地面还未升天的龙，一般把盘绕在柱子上和房梁上、天花板上的

枝龙"，龙首完整，特征明显。而龙身和龙脚呈弯曲状，变成了卷草的图案。整体为S型。常用来表示吉祥如意的意思，多用于建筑、家具和器皿上。

拐子龙：拐子龙和草龙相像，但是线条更为刚硬，在转角处，呈圆方型，常用于家具及建筑框架上。

团龙：顾名思义，是圆形构图的龙。据资料记载，团龙最早出现于唐朝，明清时期应用比较广泛。团龙装饰华丽，圆边上通常有水波、如意、草龙等点缀，后被用于官服之中，补子上画有团

龙，用于区分官职的大小和职位的高低。后来使用的范围扩大了，在刺绣、陶瓷、

｜龙纹花式口碟　辽宁省博物馆馆藏｜
摄影：刘智杰

｜沈阳故宫的团龙｜
摄影：刘智杰

｜鎏金银扦腰二龙戏珠图（辽代）　辽宁省博物馆馆藏｜
摄影：刘智杰

建筑、家具上都可以看到团龙图案。

双龙戏珠：是两条龙戏耍一颗火珠的吉祥装饰纹。一般用在建筑画以及器皿上。在长条形的装饰面上，两条龙成行龙姿态。在圆形或者方形的装饰面上，两条龙往往上下相对，上为降龙，下为升龙，中间是火珠。二龙戏珠表现了表现对美好生活的向往，是吉祥的象征。

| 辽阳民间建筑上的二龙戏珠图 |

摄影：闻良

装饰艺术中的吉祥龙

| 装饰艺术中的吉祥龙 |

龙在装饰艺术中是常见的吉祥形象，无论是建筑、服饰、玉器上，还是青铜器、瓷器、壁画中，龙的形象都有着重要的地位，成为一个长盛不衰的主题。在民间的装饰艺术中，二龙戏珠、龙凤呈祥、龙飞凤舞是表现吉祥和喜庆的图案。在几千年的封建专制下，龙被帝王所专控，但关于龙的信仰其实一直存在于百姓的心里。

1. 建筑上的龙

在中国古代建筑中，经常可以看到龙的图像和花纹，尤其是皇家的居所，北京故宫和沈阳故宫，建筑中随处可以看到龙的身影。

在北京故宫的大殿上有云龙的石阶，有蟠龙的柱子，有屋脊上蹲立和盘旋的飞龙，在屋顶上，还可见到

| 战国彩绘陶钫侧面的龙首以及陶钫上的龙纹 辽宁省博物馆馆藏 |

摄影：刘智杰

| 战国彩绘陶簋 双侧龙首中部有彩绘的龙纹 辽宁省博物馆馆藏 |

摄影：刘智杰

| 沈阳故宫建筑
彩绘上的坐龙 |
摄影：刘智杰

| 沈阳故宫琉
璃瓦上的回首
龙 |
摄影：刘智杰

| 沈阳故宫木
雕云龙戏珠 |
摄影：刘智杰

| 绿釉兽面瓦
当　辽宁省博
物馆馆藏 |
摄影：刘智杰

凸起的木质龙头。琉璃瓦上也可以看到龙腾的图案。可以说龙作为皇权的象征和皇家的守护神，在建筑上表现得最为明显。

在故宫的建筑中，有不同的龙的形态出现在不同的位置上。传说中所说的龙的儿子们，各司其职，随处可以见到它们的形象。

中国古代的建筑一般是木质结构，为了保护建筑免于水火之灾，通常要有神兽来镇宅。因此可以看到无论是宫殿还是民宅都有神兽镇宅。在宫殿的殿台角上，有一排蹲兽，最前面的是一位骑禽的"仙人"，后面依次是龙、凤、狮子、天马、海马、狻猊、押鱼、獬豸、斗牛和行什。其中的龙，指的就是嘲风，传说中龙的第三个儿子。嘲风站在高处，瞭望远方，有守卫宫殿、威慑妖魔的作用。此外，狻猊也有镇邪的作用。但在民间建筑的屋脊上，一般看不到这么多的蹲兽，在民间通常有"五脊六兽"之说，说的也是屋脊上的蹲兽。五脊，是指中国古代建筑中起脊的硬山式建筑有五条脊，即一条正脊和四条垂脊。正脊两端有鸱吻，在四条垂脊上，分别排列着五个蹲兽，分别是：狻猊、斗牛、獬豸、凤、押鱼，和鸱吻加起来就是"六兽"，因此说是"五脊六兽"。在北方的方言中"五脊六兽"也指闲的不知道该干些什么好，无所事事，很难受的样子，在成语中也指忐忑不安的意思。

驮着巨大的石碑的当然是传说中的龙的第六个儿子霸下。

此外，在宫殿或者衙门的大门铺首上，经常可以看到龙子椒图的身影，椒图衔环，有防御外敌的功能。

|沈阳故宫的一对椒图|
摄影：刘智杰

此外，在建筑物的排水口，可以看到螭首的造型，它也是龙子，张着大口，防御着水患。

麒麟也被认为是龙子之一，它是象征祥瑞和权贵的，经常出现在重要建筑的门前。

2. 服饰上的龙

龙纹在服饰上、织锦上也很常见。根据考古资料介绍，身穿画着蛇形图案衣服的彩陶人形器盖，被学者们公认为与龙文化有关，那么可以看到，龙形纹早已经在服饰中使用了。河南安阳殷墟5号墓出土的商代玉人，身上也穿着龙纹的衣服，这被认为是最早的关于龙袍形象的资料。

中国古代的服饰历来是划分等级、区别贵贱、显示身份尊卑的符号。明代宋应星在《天工开物·乃服》中说："贵者垂衣裳、煌煌山龙，以治天下；贱者桓褐、臬裳，冬以御寒，夏以蔽体，以自别于禽兽……人物相丽，贵贱有别。"龙纹作为王者威严的象征，经常出现在帝王的服饰上。龙袍就是龙文化与等级政治制度在服饰上的最高级体现。

周代把画有"升降二龙"的服装称为"衮服"或"龙衣"，天子祭享先王所用的就是衮冕服。到了秦朝，秦始皇不再采用龙衣，周代流传下来的冕服制度被废除，秦朝视黑色为尊贵的颜色，因此在祭祀时采用黑色衣服作为祭祀礼服。

隋唐时期，经济文化水平较高，龙纹服饰也得到了很大的发展，帝王的冕服上绣有龙纹，与日月星辰图案一起成为冕服的基本装饰纹样。唐代后期，黄色成为皇帝服饰的专用色彩，黄袍上绣有龙纹。

宋代延续了前代的冠服制度，皇帝出席大型仪式时要戴通天冠，身上要穿云龙纹的绛色纱袍。另外，黄袍依然是帝王专用，其他人是不能使用的，宋太祖赵匡胤发动陈桥兵变时就是黄袍加身，起兵造反，后来成为开国皇帝。元代皇帝的袍服上绣有龙纹，经典的图案是五爪云龙。在《元史》刑法志和舆服志中，对龙和蟒的使用做了具体的规定，五爪两角为龙，四爪或三爪为蟒。因此，龙成为皇帝专用的图案，而蟒则成为民间使用的图案。

明代效仿唐宋冠服制

度，皇帝服饰上的龙纹增加了很多，龙纹是地位尊贵的象征，除了皇帝之外，皇后、皇太子、亲王等的服饰上也可以使用龙纹。而民间的服饰是禁用龙纹的。但明代皇帝对龙纹的使用规定变化很大，明永乐三年规定皇帝礼服玄衣八章，肩上绣有日、月、龙图案，背部绣有星、山图案，袖子上绣有火、华虫、宗彝。明神宗入葬时所穿的龙袍上面有团龙十二，

| 龙袍　辽宁省博物馆馆藏 |
摄影：隋丽

龙的形态各异。明嘉靖的常服龙袍改为玄色，袍上共有201个方龙和团龙。

到了清代，冠服制度更加森严，服饰等级规定更为具体。"龙袍"的名称逐渐确立，较前代而言，"龙袍"更为庄严、华丽。清代龙袍以黄色为主，上面绣有九条金龙，另外装饰有五彩云纹、蝙蝠纹、十二章纹，既庄重又蕴含着祥瑞的寓意。五彩云纹表示吉祥，"蝠"与"福"谐音，象征着幸福。在龙袍的下端还有许多线条，叫做水脚，水脚之上还有翻滚的海浪和山石宝物，寓意江山万代，太平盛世。根据文献记载，清代龙袍的九条金龙位置也有严格规定，领前后正龙各一，左右及交襟处行龙各一，袖端正龙各一。龙

袍上的龙形态各异，有团龙、坐龙、升龙、降龙、行龙，其中前胸、后背及双肩的正团龙纹，是最为尊贵的。

帝王的龙袍使龙成为皇家的专属之物，使民间关于龙形象的使用受到控制，但是在一些少数民族的服饰中，却随处可以看到龙的形象，体现了他们对龙的崇拜和喜爱。生活在西南地区的苗族，传说是蚩尤的后代。古人认为蚩尤是龙的形象，嘴大，头上有牛角，有学者甚至认为饕餮纹就是蚩尤的遗像。当初黄帝、炎帝和蚩尤大战，蚩尤战败被杀，蚩尤部落被迫从山东和中原一带南迁。为了表达对祖先的纪念，苗族将蚩尤的形象绣在服饰上，在苗族的服饰刺绣图案中，有比较多的饕餮

｜龙袍上的五爪坐龙 辽宁省博物馆馆藏｜

摄影：靖丽

｜龙袍上的坐龙 辽宁省博物馆馆藏｜

摄影：靖丽

纹，还有很多的牛角的龙纹，而贵州和湖南地区的苗族妇女还保留着头上戴牛角型银

饰的习俗。无论是银饰中的龙还是刺绣图案中的龙，都和帝王龙袍上的龙截然不同，少了威严，多了亲近，龙的体态丰满、身体短小，似蚕似虾，十分可爱。

3. 玉器上的龙

中国的玉文化有着悠久的历史，中国人崇玉、敬玉、赏玉、佩玉，把玉作为具有丰富精神文化内涵的象征物，玉从远古的原始崇拜时代的神性之物，历经了封建时代君子以玉比德，一直到现代消费时代作为自我个性与价值的体现。龙以玉为载体，将龙的神性与玉的神性结合在一起，形成了更加具有内涵与象征意义的龙文化与玉文化。

在考古发现中出土的玉器通常有两种，一种属于死者生前使用、死后随葬的，叫做葬玉。一种是专门为死者定制的礼器，称殓玉。

考古学家杨伯达先生认为中国玉器的源头大概在距今10000年的远古时代，在距今6000-5000年的红山文化与良渚文化时代是这一时期玉器发展的顶峰。红山文

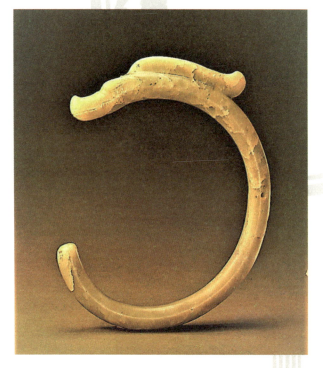

｜大玉龙　红山文化　北京故宫博物院馆藏　引自北京故宫博物院官网｜

｜玉镂雕双龙首佩 北京故宫博物院馆藏｜

化中的玉龙属于中华民族龙形成的初始阶段，玉龙弯背、卷尾，是首尾相连的环形，中间有缺口，如"C"字形。头部形似猪、熊、鸟，蛇身或者蟒身，因此被考古学界称为兽首龙、猪首龙、鸟首龙，是祭祀和崇拜的对象，佩戴在巫师身上，具有通天地的作用。

春秋战国时期的玉龙造型逐渐成熟，制作工艺也更为高超。战国龙出现了复合型龙，即两条或者多条龙出现于同一个玉器上。如出土于安徽省长丰县杨公乡战国晚期墓葬的"玉镂雕双龙首佩"，整体呈"弓"字形，双龙对称，回首凝望。龙的唇吻部位夸张突出，龙带有前肢，已经接近于成熟的龙的形象。

单个型体的玉龙在战国时期更为常见，龙的身体为波浪式扭曲状，龙尾有时装饰有凤首的图案，龙身用云纹来表示龙鳞。图中为战国时期墓葬出土的青玉龙玉佩，是一随葬玉佩的一部分。现藏于北京故宫博物院。

战国时期的玉龙大多来自王侯贵族的墓葬之中。

汉代玉器中的龙主要是以玉佩的形式出现，龙型更为成熟，形象更为丰富多彩。龙的身体更有立体感。在造型上有玉珩形、玉环形龙佩、S形龙佩以及东龙玉佩等。

三国时期王玉开始衰落，玉器中大量融入了民间文化的成分，以祈福辟邪功能为主，龙以及龙的九子形象大量出现在各种鉴赏性的玉器用品中。

南北朝时期，社会动荡，墓葬中的玉器出土很少，具有代表性的是一个在南京出土的龙凤形玉佩，基本延续了汉代的S型风格。

唐代玉器上龙纹威武雄壮，强化了龙纹作为皇权象征的标志，龙的造型也更为完善。龙纹的特点是龙身似蛇，躯干较粗，背部有脊齿纹，龙爪肥硕，有三趾，龙尾光秃，没有装饰。龙纹的周围开始出现火焰珠等装饰。

宋代玉器上的龙纹，与唐代不同，造型清秀，姿态优美。龙纹玉器大多作为辅助装饰纹样出现在炉和壶等上面。此外玉佩等上面的龙纹也较为流行。代表着龙纹发展的最高阶段，至此龙纹完全定型。

元代龙纹受到蒙古民族的影响，更具有豪迈之气，造型威猛，粗犷有力，多作腾云戏水之状。

明代的玉器注重美感，更有装饰性的特点。玉器上的龙纹也受到这种风格的影响，趋于图案化。玉带、玉簪、玉磬、玉玺、玉带钩、玉佩饰及玉器皿上常可见龙纹的精美图案。清代玉器上的龙纹比比皆是，应用更为广泛。雕琢更为细致繁琐，整体形态缺少灵动性，显得比较沉闷、苍老，常伴以海水、山峰、云纹为装饰。

总而言之，从远古走来的龙，已经深深植根于中国文化的基因之中，在不同时代的演变中，祥瑞的功能不断提升，龙的文化、龙的精神内涵在时代的发展也在不断丰富，随着封建帝制的解体，龙彻底回归了民间，成为守护每一个中国人的祥瑞之兽。在新的历史阶段，龙身上所体现出来的奋发、和合的中华文化精神，也将不断地发扬光大，代代传承，成为凝聚龙的子孙的精神纽带。

| 代县文庙龙纹琉璃雕 |

摄影：吕焰

图书在版编目（ＣＩＰ）数据

吉祥瑞兽. 龙 / 隋丽编著；张勃本辑主编. -- 哈尔滨：黑龙江少年儿童出版社，2020.2（2021.8重印）
（记住乡愁：留给孩子们的中国民俗文化 / 刘魁立主编. 第十一辑，生肖祥瑞辑）
ISBN 978-7-5319-6534-3

Ⅰ. ①吉… Ⅱ. ①隋… ②张… Ⅲ. ①图腾－文化－中国－青少年读物 Ⅳ. ①B933-49

中国版本图书馆CIP数据核字(2020)第005511号

记住乡愁——留给孩子们的中国民俗文化　　　　刘魁立◎主编
第十一辑 生肖祥瑞辑　　　　张　勃◎本辑主编
吉祥瑞兽·龙 JIXIANG RUISHOU·LONG　　　　隋　丽◎编著

出 版 人：商　亮
项目策划：张立新　刘伟波
项目统筹：华　汉
责任编辑：张小宁
整体设计：文思天纵
责任印制：李　妍　王　刚
出版发行：黑龙江少年儿童出版社
　　　　　（黑龙江省哈尔滨市南岗区宣庆小区8号楼 150090）
网　　址：www.1sbook.com.cn
经　　销：全国新华书店
印　　装：北京一鑫印务有限责任公司
开　　本：787 mm×1092 mm　1/16
印　　张：5
字　　数：50千
书　　号：ISBN 978-7-5319-6534-3
版　　次：2020年2月第1版
印　　次：2021年8月第2次印刷
定　　价：35.00元